ひまわりになったボク

～聞いて！　たいせつなヒストリーを～

かぶとやま郁
KABUTOYAMA Iku

文芸社

もくじ

ひまわりになったボク

プロローグ

今日も空の上から、公園で遊ぶみんなのことを見ていたよ。

ボクは、堂々《どうどう》としていつも笑顔のように見えるひまわりの花が好きでね、人間界に行くなら、笑顔の素敵《すてき》な男の子になりたいと思っていたんだ。

そこに「誰《だれ》か、あのお母さんの、子どもになってくれないか?」って言われて、ボクは「ハイ!」って手を挙げたんだ。

人間界行きの話がボクにきたんだよ。ラッキーだと喜《よろこ》んだ。

ただ、一つ条件《じょうけん》がついていたんだ。それは病気の男の子ということだった。

でも、笑顔の素敵《すてき》な男の子ということなんで、ボクはそれで大いに満足して、決まった時、両手を上げて喜《よろこ》んだんだよ。

そして、ボクはお姉ちゃんのいるおうちに生まれたよ。

桜《さくら》の咲《さ》く少し肌寒《はださむ》い日に、ボクはこの世に生まれたよ。

ヨチヨチ歩きのお正月明けに、大変なことが起きた。大きな地震《じしん》が起きてね、ボクは驚《おどろ》いたよ。ボクのお父さんもお母さんも初めての大きな地震《じしん》で大変だったんだよ。お水も出ないし、ガスも使えないしでね、それでしばらくボクはおばあちゃんの家にあずけられていたんだ。ボクはそれから二十二歳《さい》まで、空から見ていたお母さんのところで過《す》ごしたんだ。


そして、今度は人間の子どもでなく、大好きなひまわりの種になって人間界に戻《もど》ってきたよ。……しばらくは土の中。

これからしばらく、人間の子どもだった時の、ボクの楽しい思い出話を聞いてね。

春——目ざめの時

暖《あたた》かい日差しに、気持ちよくボクは目が覚めたようだ。うっすら光が見えるがあたりは暗い。

少しずつ記憶《きおく》がよみがえってきたよ。遠くで子どもたちの声が聞こえる。

「おはよう。昨日、ポケモン、見た？」

ポケモン？　なんかそれ、知っているよ。ボクは心の中でつぶやいた。でも、ボクの声はみんなには届《とど》かない。

「バタバタバタ」

どうやら走っている音かな？

「ブウー」と、車の音かな。いろんな音が聞こえてくる。

ボクは、ひまわりの種なんだ。もう少しでお日様に会えるのだけれどね。

きっと今は四月の終わり。もう新学期が始まっているよ。

思い出すなぁ。小学校一年生の時、大根とかを植えて、毎朝登校したら自分の大根に毎日水やりして、冬には大きな大根ができて嬉《うれ》しかったなぁ。とにかく自然いっぱいの小学校だったから、ビオトープ池もあってね、よくみんなで散策《さんさく》したよ。ボクは結構探検《けっこうたんけん》するのが好きで、よく校内をうろうろしたし、校庭でみんなと「だるまさんがころんだ」をしたよ。でもね、ボクは筋肉《きんにく》の病気で、速く走れなかったんだ。そのことをみんなはよくわかってくれていてね、ボクが鬼《おに》にならないようにゆっくり合わせてくれていたから、みんなと一緒《いっしょ》に楽しめたんだよ。

毎日が楽しかったね。学年が上がって二年生になっても、ボクはみんなの中にいることができたんだよ。

担任《たんにん》の先生も若《わか》い男の先生でね、「明日があるさ」の歌を替《か》え歌にして、クラスの歌にしてくれて毎日クラスで歌ったよ。漢字ドリルのごほうびシールがあったり、漢字テストにも点数がいいとシールがもらえたりするので、毎日頑《がん》張《ば》ってシールをもらった。クラスメートもみんな優《やさ》しかったよ。

高い遊具に上がりたいけど上がれないボクのことを、みんなで協力して上まで上げてくれたりしたこともあったよ。

秋の遠足も、「車いすで行こう」との先生からのお話にボクがいやだと言ったら、

「みんなで行くことに意味があるから、君の足に合わせてゆっくりでもいい」

と言ってくれたり、

「車いすは恥《は》ずかしくないよ、みんなで押《お》すから」

と言ってくれたりして、ボクはみんなの気持ちが本当に嬉《うれ》しかった。でもね、ボクは自分の足が思うように動かないのが悔《くや》しかった。

学年が上がると本来は二階の教室になるのだけど、友達《ともだち》のお母さん方が校長室に日参してくださって、ボクが歩いて通えるように一階の教室にしてくれたんだ。もちろん、ボクのお母さんもお願いに行ったよ。

三年生になって、以前より歩くのに時間がかかってトイレに行くのも間に合わなくなってきた。それで、秋に、手押《てお》しの車いすの申請《しんせい》をした。三年生の十一月から車いすで学校生活を送ることになったよ。

芽がでたよ

あっ、やっと明るくなった、ボクはね、土の上に出てきたよ。風が気持ちいいね。ボクの好きな車が見えるよ。今、ベンツが通り過《す》ぎたよ。ボクはね、車が大好きで、たくさん名前を覚えていたんだよ。嬉《うれ》しいな、車が見えるよ。

ランドセルを背負《せお》って帽子《ぼうし》をかぶった小学生が並《なら》んで歩いているよ。朝の集団登校《しゅうだんとうこう》の風景だね。ボクもしたよ、歩くスピードが遅《おそ》くて、班長《はんちょう》さんにランドセル持ってもらったりしてとてもお世話になったよ。一緒《いっしょ》に登校できたのは小学校の二年生の一学期までだったけれど、みんなと学校まで歩いていくのは楽しかったなぁ。

「みんな、気をつけていってらっしゃい」

いつも、お母さんたちにそう言って送り出してもらっていたなあ。

ボクは、今はね、公園と道路の間の花壇《かだん》にいる。小学生だけでなく、大人もたくさん通っていくのが見えるよ。

斜《なな》め向こうの酒屋さんのおじいさんが朝早くから商品のビールを自販機《じはんき》に補充《ほじゅう》したり、空き缶《かん》のゴミをビニールに入れたり、箒《ほうき》で掃除《そうじ》したりとよく働いておられる。大変そうだなぁ。杖《つえ》をついたおばあさんも見かけるしね。
小学生は、学校に無事に着いたかな。

梅雨《つゆ》――めぐみの雨

今は梅雨《つゆ》なのかな、地面が濡《ぬ》れているし、傘《かさ》を持っている人が多いね。そういえば、小学生も何人か傘《かさ》を持っていたしね。ボクは雨に濡《ぬ》れても今は大丈夫《だいじょうぶ》さ。むしろ嬉《うれ》しいよ、もっと大きくなれるからね。

夕方になると、お稽古《けいこ》のカバンやスポーツの教室に通う子どもたちが前を歩いていくよ。学校に行く時よりも、なんだかウキウキした雰囲気《ふんいき》だね。

思い出すなぁ。ボクが二年生の時だったかな、お姉ちゃんはピアノを習っていたし、友達もプールやサッカーなどいろいろ習い事をしていた。でも、ボク

は歩くのも大変になってきていて、習い事どころではなかった。大泣きしたことがあるよ、「ボクには、何もないよ……」と言ってね。お母さんも泣いていたな。

それからしばらくして、ボクはお習字を習うことになったんだ。週に一度、先生のお宅《たく》に行って習ったんだよ。新しい挑戦《ちょうせん》だった。

三年生の冬まで――ちょうど、車いすになるまで通ったよ。腕《うで》が上がらなくなってきたのもあって、やめたんだけどね。

だいぶ大きくなったよ

あっ。みんな、半そでの服を着ているね。そろそろプールの季節かもね。小学校の四年生の時、プールが始まるころに、ボクの体も大きくなってきていたので学校生活を補助《ほじょ》してくれる人が必要だと、学校から言われた。でもなかなか見つからなくて、近くの大学ボランティア同好会に相談したら、たまたま電話をとってくれた大学生のお兄さんが引き受けてくれたよ。

とても優《やさ》しいお兄さんで、ボクにはお姉ちゃんがいたけど、お兄さんはいなかったから嬉《うれ》しかった。福祉《ふくし》の勉強をしていたお兄さんだったから、ボクもたくさん友だちと仲良くすることや人への思いやりなどを教えてもらったしね、お兄さんのおかげでクラスメートとも一緒《いっしょ》に遊んだりして、学校生活がもっと楽しくなったよ。

プールが始まると、そのお兄さんが友人を連れてきてくれて、二人でプールの介助《かいじょ》もしてくれたよ。夏休みの水泳教室も、お兄さんに手伝ってもらえて参加できたよ。暑い夏だったけど、おかげで浮《う》き輪《わ》をつけて、水の中、気持ちよく泳ぐことができたんだ。

夏休みが終わると運動会の練習が始まった。ボクはね、車いすだったけど、リレーにもほんの少しでも参加できるように先生方が考えてくれた。学年ダンスもボクが車いすでも参加できるように工夫されていた。

小学校の運動会の競技《きょうぎ》は、組体操《くみたいそう》以外は、何らかの形で参加できたよ。そのころは、ボクはそれが当たり前だと思っていたけれどね、みんながボクを気にかけてくれていたからこそ、できたんだよね。

少しずつひまわりの背丈《せたけ》が伸《の》びてきたみたいだ。小学生の一、二年生の子どもたちと背丈《せたけ》が同じくらいになったよ。あと、もう一息かな。

遠足にもボランティアのお兄さんがついていってくれたし、五年生の時の一週間の自然学校や六年生の修学旅行《しゅうがく》もみんなと同じように参加できた。これも先生や友人、お兄さんたちのおかげだと思っているよ。お兄さんは卒業してしまうけど、次々とリレー式に引《ひ》き継《つ》いでくれてね、小学校の卒業までに六人の学生のお兄さんに手伝ってもらったんだよ。ボクに六人のお兄さんができて楽しく過《す》ごせたよ。卒業の時には、トランプのカードの裏《うら》に書かれた六人のお兄さんたちからのメッセージをもらって、嬉《うれ》しかったよ。

ボクが車いす生活になってから、デパートとかに行くとね、ジロジロ見られるんだ。それがいやで、ボクは、下ばかり見ていたことがあるよ。車いすに乗っているのが、まるで罪《つみ》であるかのように思えて、いやだった。

長かった小学校の六年間が終わり、無事卒業式を迎《むか》えることができたんだけどね、最後の大きな課題があったよ。それはね、将来の夢《ゆめ》を、みんなの前で一言、大きな声で言うことだった。

「病気が治って、自分の足でサッカーをしたい!!」

そう、頑張《がんば》って言えたよ。

そうそう、ようやく、ボクの顔……ひまわりの花芽が出てきたよ。

ボクの中学の入学式は大雨だった。新しい担任《たんにん》の先生。同じ小学校からの友人はクラスに三人だけ。あとは違《ちが》う小学校からで、名前のわからないクラスメートのほうが多いんだ。ボクのことを、みんなどう思っているんだろうかとか不安だったなぁ。やたら、みんなのことが気になって仕方がなかった。今の中学生はどうなんだろうかと考えてしまうよ。

中学生になっても、最初にお世話になったお兄さんの友人が、ボクの手伝いに学校に来てくれた。

そして中学一年生の夏休みに側弯《そくわん》の手術《しゅじゅつ》をしたんだ。最初はするつもりもなかったけどね、とにかく体が傾《かたむ》いて支えるのが大変になってきていたので、一大決心をして、手術《しゅじゅつ》をしたんだよ。おかげで背筋《せすじ》はピンと伸《の》びたけれど、手が上がらなくなってきていたので、机《つくえ》の高さを上げるためにお菓子《かし》の箱や発《はっ》泡《ぽう》スチロールなどで机《つくえ》の高さを調整してもらったんだ。

中学校の校務《こうむ》さんがボクのために高さを調整した机《つくえ》を作ってくださったりしたよ。体育の授業《じゅぎょう》は、ボクはほとんど見学だけど、プールも柔道《じゅうどう》も、しっかり見学したよ。

ボクの中で何かが芽生え始めていた。

ひまわりの黄色い花びらがちょうど見え始めているよ。


このころ、ボクは、みんなの中にいたいという気持ちが強くなってきた。みんなには申《もう》し訳《わけ》ないけど、みんなに手伝ってもらいたいと思ったんだ。

二年生の時に主張《しゅちょう》大会があってね、ボクはそう訴《うった》えたんだ。

ある先生がボクの主張文《しゅちょうぶん》を総合《そうごう》の学習の教材にしてくれて、学年で読んでもらった。するとね、思わぬ反響《はんきょう》が多くあった。ボクが大きな声で言わないので、みんなと一緒《いっしょ》にいるのがイヤだと思われていたようだった。主張文《しゅちょうぶん》のおかげでボクの本当の気持ちが伝わったんだよ。

ボクの大好きな祖父《そふ》が、ボクに「話すときは大きな声で話しなさい」と言ってくれていたように、大きな声で話すことは大事なことだったんだね。人に自分の考えや気持ちをわかってもらうことの大事さや大変さが身に染《し》みてわかったよ。

ボクは、みんなと一緒《いっしょ》に笑ったり、協力し合ったりして、たくさんつながりたかったんだ。

三年生になって、体育の先生が担任《たんにん》になったんだ。ずっと体育の授業《じゅぎょう》を受け持ってもらっていたから、知っている先生だった。厳《きび》しい先生だけど、優《やさ》しいところもたくさんある先生という印象《いんしょう》だった。叱《しか》ってもきちんと最後まで面倒《めんどう》を見てくれた。

四月に修学《しゅうがく》旅行でスキー合宿に行った時は、ボクがスキーを楽しめるようにインストラクターの人たちと工夫してくれた。そしてボクがまだ体幹《たいかん》を保《たも》てているると喜《よろこ》んでくれたりしたよ。体育で百メートル走のタイムを計るのにも、簡易《かんい》電動の車いすでボクも参加できたんだ。みんなと同じようにタイムも計り、アドバイスも書いてくれていたよ。できないこともあるけど、できることにはみんなと平等に参加させてくれたんだ。

ボクは障《しょう》がいがあって、できないことや譲《ゆず》ってもらわないといけないこともあるけど、先生は、きちんとみんなに頭を下げるようにと教えてくれたんだよ。例えば、ボクは目が悪いので席を前にしてもらわないと困《こま》るので、みんなにきちんとお願いしたよ。ボクの使えるトイレは教室から遠いので、給食の前にトイレに行くと時間がかかる。でも先生は、給食はみんなで一緒《いっしょ》に食べ始めるという信念を持っておられた。それで、申《もう》し訳《わけ》ないほど長い時間、クラスメートを待たせてしまっていたんだ。でもみんなは、文句《もんく》も言わないで待っててくれていたよ。

本当に、今思い出しても、中学三年のクラスメートには頭が下がる。心から感謝《かんしゃ》しているよ。

夏――花がさく

だいぶボクも背《せ》が伸《の》びたよ。頭が大きくなってきたよ。周りは梅雨《つゆ》も明けたようで毎日暑そうだね。もうすぐ、夏休みだね、少しずつ、小学生も荷物を持ち帰っているみたいだよ。少し早いけれど、夏休みが終わると運動会の練習が始まるね。

思い出すなぁ。中学生最後の体育会は、ボクにとっては、最高の思い出なんだ。電動車いすだったけど、リレーに出たかった、でもね、クラス対抗《たいこう》の種目だったしね、一応《いちおう》、希望を出したんだよ。そうしたら、即座《そくざ》にクラスメートは

「いいよ」と、言ってくれたんだ。ボクのクラスは学年優勝《ゆうしょう》を目指していたから、ボクが足をひっぱったら悪いと思った。体育会当日、やはりボクはビリだったよ。でもね、みんなが頑張《がんば》ってくれて、他の競技《きょうぎ》はトップ成績《せいせき》で、なんとボクのクラスは金賞とれたんだよ。本当に最高のクラスだったよ。三年生男子の花形競技《きょうぎ》の組体操《くみたいそう》もボクは出場した。もちろん車いすでだよ。

時間差でグラウンドに出て、隊列の中に入って一つ一つの競技《きょうぎ》の体形に電動車いすで参加したんだ。あとで思ったけど、組体操《くみたいそう》の練習の時間、先生はかなり厳《きび》しかったなぁ。そういえば、本番には、先生方が一人も隊列の中にいなかった。

その態勢《たいせい》でするつもりで、誰《だれ》一人怪我《けが》をしないように普段《ふだん》の練習から厳《きび》しかったんだとわかったんだ。

無事に組体操《くみたいそう》の競技《きょうぎ》が終わった。体育会の日は長い一日だった。ボクも参加できた体育会だった。そういえば、思い出したけれど、車いすになって小学校の六年生の時、ボクは体育委員会に入っていた。クラスで一人しかなれないのに、このボクがなっていた。昔から気持ちだけは行動派《こうどうは》だったようだ。他に、きっと体育委員になりたい友達もいたと思うけどね。きっと、ボクに譲《ゆず》ってくれたんだよなぁ、こんな風に、ボクは、いつも周囲《しゅうい》の人に思いやってもらっていたんだね。

ボクはね、みんなと同じように受験して高校生になりたかったから、一生《いっしょう》懸命《けんめい》勉強したんだ。でも、ボクにはみんなと違《ちが》う事情《じじょう》があったよ。それはね、ボクは車いすで移動《いどう》するから、バリアフリーな環境《かんきょう》の高校を選ばないといけなかった。それに、通院もあるからさ、そのへんも考慮《こうりょ》してね、単位制《たんいせい》の高校を受験することにしたんだよ。作文や、自己《じこ》ピーアールが受験科目だったよ。担任《たんにん》の先生が毎日文章を見てくれた。先生とボクの交換《こうかん》日記のようなものだったなぁ。

　そして、最後の学年考査《こうさ》があった。その初日、家でお昼ご飯が終わった時、ボクは気を失ったんだ。救急車《きゅうきゅうしゃ》で病院に運ばれた。病院では意識《いしき》が戻《もど》ったから、すぐに帰れると思った。でも夕方だったしね、一晩《ひとばん》入院することになったんだ。夜中に血中酸素《さんそ》を計ったら酸素量《さんそりょう》が少なくて、先生から、夜だけ呼吸器《こきゅうき》を装着《そうちゃく》するようにと診断《しんだん》が下り、その調整のために三週間の入院を言い渡《わた》されたんだ。

　ボクは入院するのがいやだった。

「先生、学校に行きたいです」と訴《うった》えたけど、却下《きゃっか》された。あと十日ほどで卒業なのに。残り少ない時間をみんなと過《す》ごしたいし、最後の給食もみんなと一緒《いっしょ》に食べたかったのに。悲しかったよ。

　でも、担任《たんにん》の先生が、ボクのために、クラスメートを二回に分けて連れてきてくれた。びっくりしたけど、嬉《うれ》しかった。

ボクのために、手作りのお守りまで持ってきてくれた幼《おさな》なじみもいたんだ。早速、筆箱につけたよ。卒業式の予行の前日に一時退院《たいいん》したんだ。卒業式と、入試があったからね。

卒業式の後、ボクはみんなにひまわりの種を配ったんだ。ひまわりの花が笑顔のように見えるから、みんなに感謝《かんしゃ》の気持ちを込めてね。それからみんなとたくさん写真を撮《と》った。

翌日《よくじつ》が、高校受験だった。緊張《きんちょう》したよ。なんか、本調子がでなかったけどね。入試が終わって、ボクはまた病院に戻《もど》ったんだよ。少しして、合格《ごうかく》発表があった。お母さんが見にいってくれたよ。ボクは病院で待っていた。お昼からお母さんが来てくれた。残念だけど、ボクは不合格《ふごうかく》だった。頭が真っ白になってしまった。

それからいろいろあって、養護《ようご》学校に進学できることになった。養護《ようご》学校では、静かに時間が流れていた。クラスメート七人でそれぞれ複合《ふくごう》の障《しょう》がいがあるんだけどね、みんなは楽しそうに笑っているんだ。話ができないけど、身振《みぶ》りと表情《ひょうじょう》でボクを歓迎《かんげい》してくれていた。いつの間にかボクは穏《おだ》やかな時間の中で、笑顔で過《す》ごせた。ボクは、難病《なんびょう》のために車いすで一番不幸だと思っていたけれど、こんなに大変なのにみんなは笑顔だった。ボクはショックだった。どれだけ、自分が情《なさ》けないのかと思い知らされたんだ。ボクは何かしないといけないと、ボクは、ボクが今までみんなの中にいることが楽しかったように、障《しょう》がいがあってもなくても同じ人間なんだから、同じ社会、同じ場所で共に笑い、暮《く》らしていくことが当たり前の社会にしたいと思ったんだ。そのためには福祉《ふくし》の勉強をしたいと考えたよ。それで、その為《ため》には、大学に行きたいと考えたんだ。

だからもう一度、高校受験に挑戦《ちょうせん》したいと考えたんだ。ちょうどね、ボクが春に不合格《ふごうかく》だった高校のⅢ期《さんき》の入試が夏休み明けにあるのを知っていたので、夏休みに投薬のために入院するので、その時に考えたんだ。

結論《けつろん》としては、もう一度挑戦《ちょうせん》すると決心したんだよ。養護《ようご》学校の先生や中学校の先生に受験希望の報告《ほうこく》をしたよ。いろいろ大変だったようで、養護《ようご》学校で取れている単位を高校に移《うつ》せるものは移《うつ》してくださる、合格《ごうかく》すれば編入学《へんにゅうがく》ということで受け入れてくださるという対応についても、先生方が話し合ってくださったんだよ。ボクのためにね。ボクは頑張《がんば》ったよ。

自己ピーアールは、四月から自分で勉強していた英語のリーディングのノートを見せたんだ。作文は、自分の夢《ゆめ》を書いた。やることはやった。でも合格《ごうかく》発表を見にいくのは怖《こわ》かった。お母さんに見にいってもらったんだよ。そしたら、今度は受かっていた。嬉《うれ》しかったなぁ。でも、養護《ようご》学校のクラスメートたちとお別れになることは悲しかった。みんなはボクのことを祝福してくれて、校門までお見送りしてくれた。歌をみんなでうたってくれてね。「なんとなく、なんとなく」の歌だったよ。今でも耳に残っている。

みんな、ありがとう。思えば、ボクの人生はみんなに「ありがとう」をたくさん言えることがあった気がするよ。

ひまわりのボクは青空に向かって大きな笑顔で日の光を浴びて、気持ちいいよ。

高校生活は、目標があったから、ボクはたくさん勉強した。幸い、サッカーをしていた若《わか》い先生が日常介助《にちじょうかいじょ》をしてくれた。ボクがしたかったサッカーでドイツ留学《りゅうがく》をして日本に帰国したばかりの先生だったんだ。ボクが電動車いすサッカーをしたいと話したら、チームを探してくれてね、ボクはそのチーム

に入ったんだ。高校生になって好きな電動車いすサッカーができるようになって、ボクの生活は充実《じゅうじつ》していた。
　そんな時、主張《しゅちょう》大会の話があって、初めて人前で話すことに挑戦《ちょうせん》したんだよ。なんと、優秀賞《ゆうしゅうしょう》をもらって、地区大会にも出場し、そこでも優秀《ゆうしゅう》賞《しょう》をもらってね、県大会も出たよ。題目は、「僕《ぼく》の生き様《ざま》」だよ。自分の病気のことも話したよ。
　なんかね、ボクは少しずつ自信がついてきたように思った。いい評価《ひょうか》をもらえると、なんか気持ちよくてね。もっと、頑張《がんば》ろうと思うんだね。高校生活はね、食堂《しょくどう》で、お弁当《べんとう》を広げて食べる仲間もできて、充実《じゅうじつ》してたよ。

修学《しゅうがく》旅行は和歌山へ、みんなと行ったよ。

もちろん、体育会、校外学習の遠足も参加した。楽しい時間は早く過《す》ぎるものだね。


あっ、二学期が始まったようだね。朝から小学生のみんなが、夏休みの宿題をたくさん持って登校しているね。ちょっぴり肌《はだ》が日にやけて、たくましくなったようだね。みんな、夏休みの話をしているのかな、楽しそうだね。

ボクは、まだお日様の下で気持ちよく青空を仰《あお》いでいられるよ。

この夏は本当に猛暑《もうしょ》だったね。宿題、みんなは、ちゃんとできたのかな。長い休みだと規則《きそく》正しく過《す》ごすのは少し難《むずか》しいところもあるよね。たくましくなったみんなを見ると、なんだか嬉《うれ》しくなってしまうなぁ。
また、毎日みんなの顔を見ることができるし、話し声も聞こえるし、楽しみだな。

高校三年生の時、ボクはやはり大学で福祉《ふくし》の勉強をしたいと考えていたんだ。小学校のころは車が好きで、車いすでも運転できる車を作りたかったから、車の設計《せっけい》をする仕事をしたいと夢《ゆめ》を見ていたこともあったけどね。
ボクがしないといけないことを見つけて、目標ができたんだよ。健常《けんじょう》な人、障《しょう》がいがある人や、すべての人が、同じ場所で、共に笑って暮《く》らせる社会にしたいと思ったんだ。それにはボクたち障《しょう》がいがある人のことをみんなに知ってもらわないといけないということで、ボクは社会に出て、不自由なところを一つずつ改善《かいぜん》してもらえるようにしていこうと思ったんだよ。この決意は、養《よう》護《ご》学校のころにしたものなんだ。

前に書いた主張《しゅちょう》大会があった市民ホールで壇上《だんじょう》で発表する時に、車いすなので楽屋裏《うら》の荷物を運搬《うんぱん》するリフトで上がったんだ。みんなが上がる側からは上がれなくてね、市議会に市民ホールのバリアフリー化の請願書《せいがんしょ》を出したんだよ。残念ながら継続審査《けいぞくしんさ》になったけどね。

市の職員《しょくいん》からも意見が出ていたようで、何年かしてから、座席型《ざせきがた》の昇降機《しょうこうき》が設置《せっち》されて、楽屋裏《うら》に多目的トイレができたんだ。発言しないとわかってもらえないことが、この社会にはたくさんあると思うよ。助けをお願いするのも、こちらからヘルプを言わないと相手に伝わらないということは、よくわかっているんだ。

でもね、ある商業施設《しせつ》で、お母さんがトイレに行っているのを外で待っている時に、通りがかった人に「何かお困《こま》りですか？」と何回か声をかけてもらったことがあるんだ。もちろん、嬉《うれ》しかったよ。これがおそらく、優《やさ》しい思いやりのある社会だと思うよ。これが当たり前の社会になればいいと思っているんだ。

九月になっても暑いね。ボクは少しずつ顔の周りの花びらがしなびてきて、顔が少しずつお辞儀《じぎ》してきたよ。まだ、ボクが好きだったセミの声は時々聞こえてくるけれどね、少しずつ涼《すず》しくなってきたよ。もう、秋だよね。

ボクは小学校の時から電動車いすサッカーの見学に行っていた。参加したかったので、ちょうど車いすを作り変える時に、サッカーができる電動車いすにしてもらったんだ。側弯《そくわん》の手術《しゅじゅつ》をしたけれど、一日中車いすに乗っていると疲《つか》れるので、リクライニングもができる車いすに作り変えてもらったよ。

最初はジョイスティックの操作《そうさ》が難《むずか》しかったけど、慣《な》れると快適《かいてき》だったよ、車の運転をしているみたいでね。高校生の途中《とちゅう》からは、短期入所で利用している施設《しせつ》にお願いして、外出支援《しえん》を受けたりしていたんだよ。映画館《えいがかん》に行ったりマラソン大会に同行してもらったりして、自由に自分で動けるので楽しかったなあ。

マラソンをしたくて、チームで参加できる一日マラソン大会に友人を誘《さそ》ったこともあるけど、参加費《さんかひ》の負担《ふたん》もあったし、みんなの都合がつかなくてボクは一人で参加したんだ。とある公園の周りを朝から夕方までエンドレスで走る大会だったんだ。ボクは体のことも考えて、午前中だけと決めて参加したよ。十四周の記録賞《きろくしょう》をもらって帰ってきた。ちょっとした冒険《ぼうけん》だったよ。

今日は雨が降《ふ》っているね。傘《かさ》をさして、みんな学校に行っているよ。色とりどりの傘《かさ》はキレイだけれど、やっぱり晴れがいいよね。とはいえ、ボクは暑かったからこの雨は嬉《うれ》しいよ。小学生の時は、もちろん運動場で思いっきり遊べる晴れの日がよかったよ。

「みんな、足元に気をつけていってらっしゃい」

ボクの友達はみんな車が好きでね、よくみんなと車の話をしたよ。高校の担《たん》任《にん》の先生は女の先生でね、ボクのことをよく気にかけてくださったんだ。ボクは寒さに弱かったから、ボクのために電気ストーブを用意してくれたり、ボク専用《せんよう》の机《つくえ》にカバーを作ってくれたり、もちろんクラスメートの一人一人にもよく気をかけてくださった。野球部の友達がいてね、みんなで試合の応援《おうえん》にも行ったけど、先生も応援《おうえん》に来て一緒《いっしょ》に応援《おうえん》したことがあったなぁ。

高校生活は穏《おだ》やかにゆっくり過《す》ぎていたように思ったけど、あっという間に三年生の夏が来てね、進路を考える時期になってしまった。迷わず福祉《ふくし》を勉強できる大学を考えたんだ。

ある大学の社会福祉《ふくし》学科に推薦《すいせん》をしてもらい、無事合格《ごうかく》。ボクは大学生になった。嬉《うれ》しかった。

母は、当然ボクの大学生活を支援《しえん》してくれたんだ。送迎《そうげい》や食事やトイレの介助《かいじょ》。少し慣《な》れてきたころ、友人ができた。最初は食堂《しょくどう》で食事を一緒《いっしょ》にしたんだ。もちろん手伝ってもらってね。ボクもどうしたら母なしでやっていけるか、お風呂《ふろ》の介助《かいじょ》に来てくれている人に聞いたりしたんだ。そして、ある秘密《ひみつ》兵器を教えてもらって、大学内で母の介助《かいじょ》なしで過《す》ごせることになった。

通学も最寄《もよ》りのＪＲの駅の改札まで送ってもらって、駅員さんに行き先を伝えて、自分で介助《かいじょ》をお願いしたんだよ。一人で電車に乗るのはドキドキしたけどね、大人になった気がしてなんか嬉《うれ》しかったなぁ。

駅に到着《とうちゃく》して改札を出ると友達が待っていてくれてね、大学まで一緒《いっしょ》に行ったんだ。大学生活は楽しかった。仲間と共に勉強したり、ランチルームでランチをしたり、話したりとあっという間に時間が過《す》ぎた。土曜日か日曜日は、電動車いすサッカーの練習や試合に参加していたんだ。とても充実《じゅうじつ》した学生生活を過《す》ごした。

けれどもボクの病気は少しずつ進行していき、ボクのできることが少なくなってきたんだ。空気を吸《す》って二酸化炭素《にさんかたんそ》を体内から出す助けをしてくれる呼《こ》吸器《きゅうき》を、夜だけではなく、二十四時間ずっと装着《そうちゃく》しないといけなくなった。そのため、一人で電車に乗ることができなくなったんだ。手の力も弱くなった。試験勉強では、ボイスレコーダーに録音してイヤホンをつけて繰《く》り返し聞いて覚えたりしたよ。試験は介助《かいじょ》つきで、時間も普通《ふつう》より多くもらったよ。

大変だったけど、みんなと同じように学生生活が送れてボクは満足だった。

ボクは、おじいちゃんになるまで生きたかった。

これでボクのお話はおしまい。聞いてくれて、ありがとう。ひまわりももうすぐ終わりだけど、種になって、また来年、新たな花を咲《さ》かせるよ。その時まで、元気でね。

ボクのメモリアル

幼稚園の卒業式
思い出いっぱいの園庭を堂々と笑顔で

小学校の入学式、あいにくの雨
友人たちと肩を組んで満面の笑顔

小学校卒業
楽しかった６年間、仲間と一緒に

中学校最後の体育大会
１５０メートル走、簡易電動車いすで参加！

大学１回生の時、高知へ憧れの龍馬さん巡りの旅へ
坂本龍馬記念館入り口で、龍馬像とシェイクハンド

「世の人は我を何とも言わば言え 我が成す事は我のみぞ知る」という、
龍馬の遺した有名な句が大好きでした

一時退院しての中学校の卒業式
もう少し一緒に過ごしたかった

大学４回生、大学ゼミの茶話会
仲間と和気《わき》藹々《あいあい》、充実した学生生活

思い出は色あせることなくいつまでも

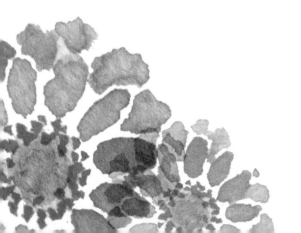

息子は、小さい頃からよくニコニコ笑う子で、皆に好かれ、引っ込み思案ではなく前に出ていきたいタイプでした。

四歳の時に難病の宣告を受け、彼の命の期限を言い渡されて、私は、マンションの六階の自宅から彼と飛び降りようかと考えたこともありました。でも、二歳上の娘や、あどけない彼の寝顔を見るとできませんでした。

インターネットもまだ発展途上の時期です。同じような病気の子を持つ方が、どのように生活されているのか知りたかったのですが、なかなか難しかったです。

とにかく毎日一生懸命でした。

「おかあさん、きょうは、たのしかったね」

出かけて帰宅すると嬉しそうな笑顔でそう言うのが習慣になっていた愛くるしい息子。

難病を宣告されたものの、発症するまでは何かの間違いではないかと思っていました。

しかし、成長するにつれて少しずつ歩行が困難になっていきました。そんなわが子の姿を前にして、息子をどのように育てていけばいいのかわからない、誰も教えてくれない……という迷路の中にいました。

とにかく、この子の笑顔が消えないようにと願いつつ、できるかぎり、皆と同じように育てることを考えていました。もちろん、皆と同じといっても、ハンディがある分、努力だけでは補えないところもあります。周囲の方々のご理解ご協力がなければ、息子は幼稚園時代をはじめ、小学生から大学生までの長い間、「友達と一緒のクラスで学びたい」という彼の希望どおりに過ごすことができなかったと思います。幼稚園の先生方も小学校の先生方もいい方ばかりで、クラスメートも彼を助けてくれ、思いやってくれたりしたおかげで、運動会も遠足も自然学校も、修学旅行も、皆と変わらず楽しく参加できました。

改めて息子の人生に関わってくださった多くの方々に心から感謝申し上げます。

今でも心に残っているのは、小学二年生の時に、急に大声で泣き出したことです。落ち着くのを待って理由を聞くと、「ボクには何もない」と言うのです。どんどん体の機能が衰えていく不安もあったのでしょう。自分に自信がなくなっていくのに、周りの友人や二歳上の姉は自由に走ることができ、スポーツやお稽古など打ち込むことがある。そんな彼らがうらやましかったのです。ドキッとしました。どうすればいいのか、何をしてやったらいいのかと、いろいろ考えました。

そこで、彼はお習字を習うことになりました。先生もご理解のある優しい方で、一年ほど通いましたが、腕が上がらなくなってきたため、やめました。

四年生になりクラブ活動が始まると、卓球を選びました。かろうじてラケットを持つことができたので、そこに球を当ててもらうことで打ち返すというやり方でした。市の障がい者スポーツの卓球教室の三か月コースにも参加しました。笑顔が見ることができることが、親としては嬉しかったですね。

高学年になっていわゆる思春期を迎えると、デパートに行った際に人々の視線が自分に注がれるのが耐えられなかったのか、よく下を向いていました。

「悪いことをしたのではないのだから堂々としていたらいいのよ」

と話すと、

「うん」

と小さな声が返ってきました。

自身の病気については、小学校に上がった頃に息子にも話していました。今となっては、残酷な親だったと思います。

六歳のわが子に「あなたは難病でだんだん歩けなくなる」と告知をした時、彼は黙っていました。普段あまり話さない子でしたし、勉強もあまりしていなかったのです。

学年が上がるごとに歩く力が弱くなっていきました。息子と、このことについては話すことがなかったのですが、小さな心の中で葛藤の日々だったのではないかと心が痛みます。

小学校の四年生の時の作文に「神様が僕を選んだ。役に立たない足なんて切ってしまえばいい」と、随分と投げやりな文章を書いていました。


小学校五年生のはじめに、病院で、病気の進行を遅らせる治療ができるようになったとの話をドクターから聞きました。すると彼は、

「お母さん、今からでも遅くない？」

と言うのです。

「何が？」と聞くと、今から勉強しても間に合うか、ということでした。

六歳の時に難病を告知して以来、彼は小さな心の中で「どうせ、ボクは病気でだんだん動けなくなるんだ」という言葉を心の中でつぶやきながら、何事もあきらめていたのでし

ょうか。あの時、彼は泣きわめくことはありませんでしたが、彼の心の中でずっと暗いものがくすぶっていたのかと思うと私はショックでした。

のちに彼が成人してから、このことを話して詫びましたが、「教えてくれてよかったよ」と、彼は言いました。病気のことを隠されていて、動けなくなってからわかるよりよかった、と。人の気持ちを思いやれる、優しい心の持ち主に成長してくれていました。

そのような中で、彼にとっては、友人とのやりとり、皆と同じ生活をして皆とつながることが宝物だったのです。落ち込むこともあり、皆と喜びを分かち合えることもあり、刺激もたくさんあり、健常者の人と同じように、「当たり前」の人生を過ごすことが生きがいだったと思います。

中学生になって新しい人間関係が始まりました。手伝ってくださる学生ボランティアの方もおられ、感謝していました。一方で、新しい環境の中で彼自身が大きな声で皆に話しかけをしなかったので、皆の中に溶け込めない時期もありました。思春期の彼は、孤独でした。

病気の進行による側弯を矯正する手術を中学一年生の夏休みに受けました。手術をした後の新しい体環境に順応する生活は、彼には大きなハードルでした。でも、この側弯手術をした体に慣れないと、日常生活ができないのです。背骨の横に矯正用のボーンが入っているので体を前方に曲げることができないし、腕の筋肉がだんだんなくなってきていて、上に上がりにくくなっていました。そのため、自分で食事をするには机の高さを上げないと無理だったので、床からの机の高さが八十五センチ以上ある昇降式の机を探しました。学校や外出先では、箱などでかさ上げをしたりして工夫をしました。この工夫で、高校一年生までは、時間はかかりましたが何とか自分で食べることができていました。ただし時間がかかるので、学校では友人や先生に助けてもらっていました。

中学二年生の時に、主張大会がありました。彼は、〝皆の中にいつもいたい。ボクを手伝ってください〟という主張文を書きました。学年全体の総合の時間のテーマにその主張文が取り上げられ、同級生に自分の気持ちを伝えることができました。この頃はあまり話さないので一人がいいのだと誤解されていたようでしたが、気持ちを学友に理解してもらえました。

中学三年生の担任の先生は特に、彼を足が不自由である以外は他のクラスメートと同じように接してくれました。クラスの約束事として、皆で給食の時間「いただきます」をすることになっていました。彼は食事前にトイレを済ませることにしていたのですが、バリアフリートイレは教室から遠い場所にありました。戻ってくるまでにかなり時間がかかるにもかかわらず、皆待っていてくれたそうです。皆には本当に申し訳なかったのですが、彼はクラスの一員として認めてもらって嬉しかったと思います。

また、中学校最後の体育大会では皆に「走りたい」と伝えて、一五〇メートル走に出場しました。クラス対抗なので、彼の順位も得点を左右するのです。この話を聞いて私は内心ドキドキでした。もちろん、健常者の生徒が走るほうが速いのです。それでも彼は、最後まで簡易電動車いすのジョイスティックを倒し続け、あきらめることなく走り切りました。かなり遅かったのですが、観客席から拍手が起こりました。彼にとっては生まれて初めての歓喜だったことでしょう。この体育大会は感動の連続でした。組体操にも、彼は車いすで参加しました。隊列の中で巧みに車いすを操りながらの演技でした。そして、演技中は、補助の先生が一人もおられなかったのです。

彼のクラスは、競技対抗の点数がトップで学年優勝しました。息子の参加競技は最下位だったのですが、ほかの競技を皆で頑張ってくれたのです。今でもビデオで彼の雄姿を見ることがあります。彼と見ながら思い出話をしたかったですが、もう彼とは話ができません。

この世にいないと――生きていなければ、全て一方通行の思い出話になります。

中学三年生の学年末テストの初日の夕方、急に意識をなくして救急車で運ばれました。その後意識は戻りましたが、念のため一晩入院して様子を見ることになりました。

酸素量、二酸化炭素量を測る機器を一晩つけ、検査しました。その結果、二酸化炭素を排気する力が弱くなっているために取り込める酸素量が少なくなっていることがわかりました。空気をたくさん吸入するための呼吸器を装着するにあたって、数値設定をするために三週間の入院を言い渡されました。学校が大好きだった彼に、そのことを私の口からは言えず、医師から彼に話してもらいました。彼はまっすぐ先生を見て、

「学校に行きたいです！」

と、しっかりとした口調で訴えました。

この時は涙が止まらなかったですね。彼も、このまま学校に通えなくなるのではと目の前が真っ暗だったと思います。

入院中、担任の先生の引率で、二回に分けてクラスメートがお見舞いにきてくれました。どんな慰めの言葉よりも彼の心を癒してくれたことだろうと思うとありがたく、今でも感謝しています。

自分のことを心配してくれる仲間がいることの嬉しさを、クラスメートからの励ましの色紙を見て噛みしめ、少しでも早く学校に行きたいという気持ちを募らせていました。卒業式前に、高校入試も含めてやっと四日間の外泊許可がとれ、卒業式も無事出席し皆と笑顔で写真を撮りました。高校も受験しましたが、入試は失敗しました。

彼は入院していたため私が発表を見て伝えました。彼はショックを受けていました。

担任の先生は通信制の高校を勧めてくれましたが、彼は毎日通える学校を考えていました。小学校の時に学校生活のことで相談にのって頂いた先生が養護学校の校長先生になっておられるのを思い出し、お願いしてみました。快く引き受けてくださり、養護学校に入学することになりました。

病み上がりの少し細くなった体に、制服代わりに用意したブレザーを着て入学式に出ました。初対面のクラスメートの中に入り少し緊張した彼がいましたが、新しい環境は優しく、穏やかな気持ちでのスタートでした。彼自身は高校受験で失敗し、おまけに自由に動き回ることが難しくなりつつあり、自分は世界で一番不幸だと思い込んでいました。クラスメートには複合の障がいをもつ方が多いけれど、その方たちはいつも笑顔で楽しく、堂々と毎日を過ごしていました。

彼はカルチャーショックを受けました。福祉の勉強をして、誰もが同じ場で共に笑って暮らせる社会の実現に関わりたいという目標を持つようになりました。

中学の同級生は普通高校に通学し、大学受験に向けての勉強をしていました。

彼も、将来の目標に向けて大学に進学したいと言い出しました。養護学校の先生に聞いてみましたが、過去に大学受験をした前例がなく、大学受験は難しいということが判明しました。

養護学校でも一応、国語、英語、理科、数学、社会家庭科、体育の教科の授業はありました。英語は書店で教科書ガイドを購入して自分で学習していました。

夏休みが終わってから、以前受験で不合格だった高校のⅢ期入試を受験したいと先生に申し出をし、手続きが大変だったのですが、受験することができました。養護学校の教頭先生や受験高校の校長先生、教頭先生にかなりお世話になりました。倍率もだいぶ高かったと後で聞きましたが、高校に無事合格できました。その時の彼の笑顔は忘れられないです し、あきらめないで再挑戦した彼の頑張りは誇らしいものでした。

そうして、半年遅れの憧れの高校生活を始めることができました。病気の進行による体の衰えを感じながらも、自分の目標に前向きな、いきいきとした彼がいました。彼なりの頑張りもありましたが、それは彼を取り巻く周囲の方々の温かい思いやりや支えがあったからこそだと思っております。

高校生活は、私自身が付き添うつもりでしたが、校長先生が介助の先生を探してくださいました。担任の先生は女性で、クラス通信をまめに発行してくださり、中学校の校務の方が彼専用に作ってくださった机をそのまま使用させてもらい、その机の上にかけるためのカバーを作ってくださったり、寒がりの彼の為にストーブを申請してくださったりと、かなりのご配慮をしていただきました。介助の先生はサッカーをしておられたので、彼の要望で電動車いすサッカーのチームを探してもらい、電動車いすサッカーのチームに所属し、土日のどちらかは練習や試合で充実した毎日でした。

高校二年生の時に校内で生活体験発表会があり、発表する機会がありました。自分の病気による障がいのこと、自分が皆にお世話になって生きていることや、それを感謝していることなど壇上で話しました。そして賞をいただきました。その評価は彼の将来の目標へのより大きな後押しとなったことと思います。彼の夢は、大学に進学し、福祉の勉強をすること。自分と同じように障がいを持った人たちも――もちろん自分も含めて――住みやすい社会をつくること、健常な人も障がいのある人も共に笑って暮らせる共生社会の実現でした。

運よく学校長推薦をいただき、社会福祉学科のある大学に無事進学しました。

大学ではオリエンテーリングで自分の病気のことを学友達に話す機会がありました。話すための原稿を考えている姿をとても頼もしく思いました。ゼミの飲み会に参加したり卒論のテーマに取り組んだりして、充実した学生生活を過ごしていました。大学まで車で送った際に、リュックを車いすの後ろにかけるのを忘れていたので彼を追いかけていくと、「おはようございます！」という彼の大きな声が聞こえてきました。

入学して三か月ほどは、自分でJRに乗って通学しました。彼にとっては清水の舞台から飛び降りるほどの大決心で、大きな冒険であったと思います。大学の最寄りの駅に着いてから学校までは、前もってメールで約束して、友達やボランティアサークルの先輩に一緒に歩いてもらっていました。そうやって大いに大学生活を楽しんでいたのです。帰りも自分で帰ってきていたので駅に迎えに行くこともありました。駅のホームが見えるところにいて、電車から降りてくるのを待ったこともありました。

帰りの車の中で、一日の出来事をたくさん聞きました。彼は自分の世界を持ち、今まで母の私が知らないことがなかったところから、いつの間にか親離れをしていました。親としては彼の成長が嬉しかった半面、少し寂しい気持ちもありました。

友人に助けてもらったり、職員の方にマフラーを付けてもらったり、学習用の机をつけたりはずしたりと毎日お世話になりました。本当にたくさんの方に支えられての大学生活でした。

レポートや時間がかかる課題の提出は、提出時期に猶予をもたせるご配慮があり、彼自身も懸命に取り組んでいました。しかし、病状は少しずつ進行していきました。

一回生の夏の終わりに、難病の子どもの夢をかなえる取り組みをしている団体に、「坂本龍馬巡りの旅」に連れていってもらいました。憧れの〝龍馬さん〟に会いにいく、高知への旅です。車いす生活になって初めての遠方への旅行でした。

出発当日は、自宅までタクシーで迎えにきてくれました。タクシーの運転手さんは気さくな方で、道中も楽しい会話で彼の笑顔や笑い声が今でも懐かしいです。地元の観光ボランティアの方も優しい方で、彼に龍馬さんの話をたくさんしてくださっていました。この旅が終わって、言いようのない充実した気持ちになりました。

二回生になると土曜日に講義が入ったため、車いすサッカーの練習に行くのが難しくなりました。もちろん、講義が優先なのですが、内心残念だったと思います。

学生生活は、彼には生きがいであったようです。友人と過ごす時間が何よりも楽しく、学校に迎えにいっても友人との会話がなかなか終わらないことが多く、かなり待たされることが多かったです。今となってはもっともっと、その時間を多く持たせてやりたかったと後悔の念に尽きます。

彼は高校二年生の時の生活体験発表会で「やりたいことはやり残さないようにする」と

宣言していました。難病を意識しながらも医学の日進月歩に期待を持ち、大学二回生の秋には、自らの細胞をｉＰＳ細胞の研究に使って、一日でも早く自分と同じ病気の進行を遅らせる薬の開発をしてほしいと、大学病院に出向いたこともありました。自分のことだから関わらなくては、とにかく早く薬を……と焦っていました。自らの体の機能の衰えを自覚していたのだと思います。その頃には、手は上がらないし、だんだんと筆圧も弱くなっていました。４Ｂの軟らかい芯でも、Ｈの芯で書いているように薄い筆跡でした。定期考査の時は代筆者をつけていただき、時間も余分にもらっていました。

三回生になりゼミの仲間と飲み会に行ったりするようになり、半分大人の仲間入りをしました。お酒も好きでした。ビールをストローで飲んだり、友人におつまみを食べさせてもらったり、まわりの人に大いに助けてもらいながらも青春を謳歌していました。

四回生になり、卒論の準備が始まりました。一回生の時に、可愛い孫が難病だということに心を痛めていた祖父が亡くなりました。いつも彼の人間的な成長を願い、彼に大きな声で話すことや人に自分の気持ちを伝えることの大事さや、人の役に立てる人間になることの素晴らしさを手紙で教えてくれていました。もっともっと、見守ってくれると思っていたのですが、進行がんで逝ってしまったのです。

彼は葬儀の時たくさん泣きましたが、涙を自分で拭くことができなくなっていました。火葬場で荼毘に付す間、親戚一同で食事をしたのですが、部屋が和室だったため、残念ながら車いすでは中に入れず、私たち家族だけはロビーで食事をせざるを得なかったのです。悔しいと言って、彼は真っ赤な顔で号泣しました。その気持ちからか、卒論のテーマは「バリアフリーに対する、障がい者と健常者の意識の違い」についてでした。障がいのない人がバリアフリーについてどのように考えているかを知りたかったのでしょうか。ゼミの先生からはアンケートは大変だよと言われていたらしいのですが、アンケートを作り、お世話になっているヘルパーさんの事業所や障がい者支援センターの方に協力してもらっていました。幸い危惧していたような結果ではなく、彼のように障がいを持っている当事者と温度差がない意見が多くて、少しほっとしていたようでした。

亡くなる少し前に「僕は生まれてきたかったんだ」と話しました。不自由であってもこの世に生まれてきたかったと言うのです。

本当に、満足げに話すのです。私が病気でなかったらよかったのにということを言うと、もし、今度生まれ変わって障がいがあっても、また生まれてきたいと言うのです。なんてことを言うのかと思いましたが、今思うと、幼い頃、事あるごとに「おかあさん、きょうは、たのしかったね」と言っていたように、つらいことも悲しかったことも、楽しかったり嬉しかったりしたことも全部、楽しい思い出だったのですね。

母親のお腹に宿った時に、〝おめでた〟といいます。生まれた時も「おめでとう」といいます。命が生まれるのは本当にそうなのです。だからこそ、命を大事にしたい。生きていれば楽しいことばかりではないですし、生きたくても病気で天寿を全うできない人もいます。この世に生まれてくることができない命もあります。だからこそ、この世に生まれたことを喜び、大事にしたいものです。

息子と共に二十二年間過ごして感じたことは、しんどい時は人に頭を下げて助けてもらい、自分にできることで人の役にたてればいいということ、人は支え合って生きていくものだということです。

命は本当にかけがえのないものなのです。

高齢になっても、命ある限り毎日を大事に生きていくことは、息子に恥ずかしくない生き方だと思っています。季節が変わるたびに、息子との対話がよみがえり、ふとした出来事に、息子ならこんな風に思う、こんな風に言うよねと自然に思えます。親にとって子どもは命と同じかけがえのないものです。息子が亡くなってから、仕事で多忙だった父親は急に「子どもは親を選んで生まれてくるらしい」と話しましたが、そんなことよりも、もう一度戻ってきてほしいと私は思っていました。

亡くなった人が何かに形を変えて家族に会いにくるというテレビドラマがありました。息子も会いにきてくれないかなと考えたりします。そうしたらもっとたくさん話ができるし、息子が望んでいた、誰もが笑って暮らせる世の中のバリアフリーが少しずつ進んだ社会になっていることも見せたいなと思います。

いくら年月が過ぎても、母の心の中にはあなたとの思い出が色あせることなく溢れています。心の優しい、真面目で、一生懸命何事にも取り組んでいた姿が忘れられません。

春に聞く鶯の声、桜の花、男の子なのにお雛祭り、端午の節句、夏の花火、セミしぐれ、秋の紅葉、お月見、クリスマスプレゼントなど、季節ごとのたくさんの思い出があります。寒がりだった息子は「汗がタラタラと流れる暑い夏が大好きだ」と話していました。息子のひまわりのような笑顔が懐かしいです。

何代にもわたり月日が過ぎても、どこかで息子に巡り合うことができた時、話し尽くせなかった続きができればいいなと思っています。

本文イラスト　すずき　たかはる

著者プロフィール
かぶとやま 郁（かぶとやま いく）
兵庫県明石市出身、３人きょうだいの長女。
10歳から神戸市に在住。武庫川女子短期大学国文学科卒業。信託銀行に９年間勤務後、結婚し、長女、長男を出産。子どもの幼少期に西宮市に転居。
現在、夫、長女と３人で神戸市在住。

本文イラスト：すずき たかはる
イラスト協力会社／株式会社ラポール イラスト事業部

ひまわりになったボク ～聞いて！ たいせつなヒストリーを～

2023年12月15日 初版第１刷発行

著　者 かぶとやま 郁
発行者 瓜谷 綱延
発行所 株式会社文芸社
〒160-0022 東京都新宿区新宿１－10－１
電話 03-5369-3060（代表）
03-5369-2299（販売）

印刷所 図書印刷株式会社

ISBN978-4-286-24690-1